MAGALLANES

La primera vuelta al mundo

Por Romain Parmentier
En colaboración con Antoine Baudry
Traducido por Laura Bernal Martín

Historia · en50MINUTOS.es

FERNANDO DE MAGALLANES

- **¿Nacimiento?** Hacia 1480 en Sabrosa o en Oporto (Reino de Portugal)
- **¿Muerte?** El 27 de abril de 1521 en la isla de Mactán (Filipinas)
- **¿Objetivo de la expedición?** Llegar a las Molucas (archipiélago situado al este de Indonesia) por el oeste
- **¿Zonas del mundo exploradas?**
  - La desembocadura del río de la Plata
  - El estrecho de Magallanes
  - El océano Pacífico
  - Las islas Marianas
  - Filipinas
  - Las Molucas
- **¿Descubrimientos destacados?** El hecho de que la Tierra es sin lugar a dudas redonda y el estrecho de Magallanes

El 20 de septiembre de 1519, 265 hombres capitaneados por el navegante y explorador Fernando de Magallanes inician un viaje que transformará nuestra percepción de la Tierra. En algo menos de tres años, realizan la primera vuelta al mundo.

Sin embargo, el verdadero fin de la expedición es, ante todo, comercial. Pretenden llegar a las islas del mar de las Molucas, situadas en el Lejano Oriente y conocidas por su importante producción de especias. Estas últimas, que suponen una verdadera fuente de riqueza en la época moderna, son muy apreciadas en Europa y traen prosperidad a todo aquel que comercia con ellas. Con mucha experiencia acumulada en el mar, Fernando de Magallanes desea llegar a estas islas y formula la idea de abrir una nueva ruta marítima por el oeste bordeando América. -2-

El viaje está plagado de obstáculos: Fernando de Magallanes tiene que enfrentarse a temporales marítimos, falsas esperanzas, cálculos erróneos, enfermedades, hambre y revueltas. Pero el navegante se mantiene firme y continúa con la expedición. Durante su periplo, descubre un estrecho desconocido al bordear América, logra atravesar el inmenso océano Pacífico y acaba llegando al Lejano Oriente por el oeste. Cuando vuelve a España, su expedición confirma de una vez por todas que la Tierra es esférica, lo que supone un cambio radical en los conocimientos geográficos y le ofrece al mundo nuevas perspectivas.

BIOGRAFÍA

Retrato de Magallanes por Charles Legrand, c. 1841.

PRIMERAS EXPERIENCIAS MARÍTIMAS

Fernando de Magallanes (o Fernão de Magalhães) es un navegante y explorador que se encuentra en el origen de la primera circunnavegación de la Tierra. Procedente de una familia de la pequeña nobleza portuguesa, nace hacia 1480 en el norte de Portugal, en Sabrosa o en Oporto. Ya adulto, decide alistarse en la marina, donde rápidamente gana experiencia en el mar. En 1505 participa en la expedición de Francisco de Almeida (almirante y virrey portugués de la India, *c.* 1450-1510), lo que le permite familiarizarse con la ruta de la India y con los peligros de las travesías.

A pesar de sufrir algunos accidentes y heridas, su amor por la aventura se mantiene intacto. En 1509 y en 1511 se encuentra en Malaca (Malasia), donde compra un esclavo, Enrique (nacido hacia 1495). Poco después, pasa a estar bajo el mandato de Alfonso de Alburquerque (virrey de la India, 1453-1515) y participa al servicio de Portugal en una expedición que quiere someter Malaca y después llegar a las Molucas. Aunque Magallanes no consigue llegar hasta las Molucas, su amigo más cercano, Francisco Serrano (fa-llecido en 1521) prosigue el viaje y logra alcanzarlas. Una vez allí instalado, este último le envía cartas a Magallanes en las que le describe las riquezas que colman el archipiélago, como las especias. Esta correspondencia alimenta el gran propósito del navegante.

Durante el verano de 1513, Magallanes, de nuevo al servicio de Portugal, participa en una expedición contra los moros en Marruecos. Sin embargo, herido en la rodilla y, como consecuencia, cojo de por vida, abandona su puesto sin au-torización y le acusan de malversación. Aunque es absuelto por el rey Manuel I (1469-1521), el navegante es expulsado de la Corte. Esto le lleva a retirarse en su tierra, donde ela-bora, a la manera de Cristóbal Colón (navegante genovés,

1450/1451-1506), el proyecto que le hará célebre: llegar a las Molucas por el oeste bordeando América y completar así la primera vuelta al mundo.

UN VIAJE DEL QUE NO SALDRÁ INDEMNE

La historia de Fernando de Magallanes se confunde en muchos aspectos con la del descubridor del Nuevo Mundo. Al igual que Cristóbal Colón, acude a la Corte del rey de Portugal para obtener la financiación de su expedición. Como también le ocurrió a este, el rey se niega. Entonces, Fernando de Magallanes recurre a España. Para tener el máximo de posibilidades, el navegante profundiza sus conocimientos, estudia geografía y comprende los descubrimientos realizados durante los últimos años.

En octubre de 1517 se encuentra en Sevilla. Después de un primer rechazo, España acaba viendo en el proyecto de Magallanes una ocasión para enriquecerse. El 22 de marzo de 1518, el joven rey Carlos I, futuro Carlos V (1500-1558), considera que la empresa es muy interesante y le da su aprobación.

Así, con casi 40 años, Fernando de Magallanes abandona Sanlúcar el 20 de septiembre de 1519 con cinco navíos. Pero el viaje está sembrado de obstáculos y solo un barco regresará. Tras una larga travesía por el Atlántico, el explorador llega a Río de Janeiro el 13 de diciembre. Un mes más tarde, alcanza la desembocadura del río de la Plata, pero aún no encuentra el esperado pasaje hacia el otro océano. Fernando de Magallanes tiene que esperar hasta el 21 de octubre de 1520 para llegar al estrecho —al que le dará su nombre- que le lleva hasta el océano Pacífico. Sin embargo, poco a poco, la emoción del descubrimiento da paso al hastío: la travesía por el océano es interminable.

No llegan a Filipinas hasta marzo de 1521. Este destino será el último de Fernando de Magallanes que, implicado en las luchas indígenas, es asesinado el 27 de abril de 1521 sin haber podido conquistar las Molucas. Otro le sucede y cumple la misión. Con un navío y una tripulación reducida a 18 miembros, este último realiza la primera vuelta al mundo y regresa a Sanlúcar el 6 de septiembre de 1521.

CONTEXTO POLÍTICO, SOCIAL Y ECONÓMICO

LA MOTIVACIÓN DE LOS GRANDES DESCUBRIMIENTOS: LAS ESPECIAS Y EL ORO

A finales del siglo XV y a principios del XVI, Europa comienza a explorar el mundo. Las razones que la empujan a esta aventura son principalmente de orden económico: el control del comercio de las especias, uno de los productos alimentarios más singulares para los europeos. Debido a esta rareza y, sobre todo, a la dificultad para conseguirlas, las especias han adquirido un valor comercial considerable, que a veces incluso supera al del oro.

A lo largo de toda la Edad Media, el comercio de especias procedentes de Oriente Medio se encuentra en manos de las ciudades italianas, como Génova o Venecia. Estas últimas compran los productos procedentes de Asia y, a continuación, los revenden en toda Europa. Pero en el siglo XV, la situación cambia radicalmente. Los otomanos, que llevan varios siglos expandiéndose, acaban por conquistar la ciudad de Constantinopla y ponen fin al Imperio bizantino en 1453. Este acontecimiento no es anodino. De hecho, Constantinopla es desde hace mucho tiempo una importante pasarela entre Oriente y Occidente, y su conquista supone el cierre parcial de las rutas comerciales con Asia. A partir de este momento, el comercio de especias debe tener en cuenta al intermediario otomano, lo que hace que las tasas aumenten.

Además, Europa también se enfrenta a una perceptible disminución de sus reservas de oro y plata. Los yacimientos del continente ya no son productivos, y sus reservas ya no son suficientes para alimentar a una economía que se encuentra en pleno crecimiento desde la aparición de una burguesía urbana emprendedora. Además, las restricciones aumentan, puesto que el oro y la plata salen progresivamente de Europa y llegan a Oriente, ya que se utilizan para comprar los productos alimentarios lujosos tan codiciados por los europeos. Por ello, estos últimos tienen que encontrar imperativamente nuevos yacimientos de estos metales a riesgo de ver cómo su economía se desmorona completamente.

Ante estas dificultades comerciales y económicas, los países de la península ibérica (Portugal y España) expresan la idea de evitar al intermediario otomano acudiendo directamente a las zonas productoras de especias, y encontrar nuevos suministros de oro. Los portugueses son los primeros en lanzarse a la aventura. Las costas de África se exploran progresivamente y, en 1488, el navegante Bartolomé Díaz (c. 1450-1500) atraviesa el cabo de Buena Esperanza. Mientras tanto, en España, un hombre se dispone a transformar nuestra concepción del mundo.

CRISTÓBAL COLÓN, VASCO DE GAMA Y EL REPARTO DEL MUNDO

El 3 de agosto de 1492, un ambicioso navegante abandona las costas españolas con tres carabelas con el objetivo de encontrar una nueva ruta marítima hacia las Indias: este hombre no es otro que Cristóbal Colón. Se dispone a atravesar el Atlántico, algo que nadie ha hecho antes, con el único objetivo de llegar a Asia por el oeste y hacerse con sus riquezas. El 12 de octubre descubre un nuevo territorio, pero nunca tendrá conocimiento de la increíble realidad que rodea a su descubrimiento. No llega a Japón, a China o a la India en octubre, sino a un nuevo continente: América. Cuando los exploradores comprenden las dimensiones del descubrimiento, la geografía y el conocimiento del mundo se ven transformados. Ante todo, Colón abre una ruta marítima hacia el oeste y trae numerosas riquezas a las arcas españolas.

Retrato de Cristóbal Colón por Antoine Maurin, c. 1835.

Por su parte, Portugal continúa con sus expediciones por el

este, bordeando África. Cuando Cristóbal Colón descubre el Nuevo Mundo, ningún europeo ha encontrado aún la India. En 1497, el rey de Portugal lanza una nueva expedición y se la confía a Vasco de Gama (navegante portugués, 1460-1524). Bordeando África, el navegante atraviesa el cabo de Buena Esperanza, a continuación sube por la costa y después se dirige hacia el este. El 21 de mayo de 1498, llega a la ciudad de Calicut, en la India. Por fin se ha abierto la ruta de las especias. Durante los siguientes años, los portugueses establecen puestos de comercio y toman el control absoluto de las rutas marítimas del Asia del Sur en detrimento de los árabes y de los autóctonos. Con la conquista de Malaca en 1511 por parte de Alfonso de Alburquerque y con el descubrimiento de las Molucas, productoras de especias, Portugal domina el comercio de los productos orientales.

Retrato de Vasco de Gama por Antoine Maurin, c. 1835.

Los descubrimientos efectuados tanto por Portugal como por España generan una verdadera rivalidad comercial y política entre ambos países. Los dos quieren expandir su territorio y garantizar su prosperidad económica. España alcanza a Portugal, que partió con ventaja, con el descubrimiento del Nuevo Mundo. Esta última está decidida a preservar sus nuevas adquisiciones y recurre a la única verdadera autoridad internacional de la época: el papa. Este decide repartir el mundo y los descubrimientos venideros entre España y Portugal. En 1494, ambos países firman el Tratado de Tordesillas, que traza una línea de separación y le atribuye a España todas las tierras a 370 leguas al oeste de las islas de Cabo Verde. De esta forma, todo lo que se encuentra al este le pertenece a Portugal.

LLEGAR A LAS MOLUCAS POR EL OESTE

Fascinado por Cristóbal Colón y Vasco de Gama, los héroes de su juventud, Fernando de Magallanes también quiere pasar a la historia. Ahora ya se sabe que las Molucas son fuente de especias, y Fernando de Magallanes piensa en llegar a las islas lo más rápido posible abriendo una nueva ruta marítima. En Portugal conoce a Rui Faleiro, un cosmógrafo. Juntos, estudian los textos de los geógrafos antiguos, los últimos descubrimientos y los mapas geográficos.

En aquella época, son muchos los que creen que la circunferencia de la Tierra es de 30 000 kilómetros. Fernando de Magallanes también está convencido de ello. Por consiguiente, considera que la ruta por el oeste es la más corta para alcanzar las Molucas. Una vez superada América, cuyos límites aún no están realmente definidos, las Molucas deberían encontrarse a apenas unos días de navegación. Sin embargo, la circunferencia de la Tierra es de 40 000 kilómetros. Este error de cálculo hará que Fernando de Magallanes tenga que enfrentarse a la inmensidad del Pacífico.

Aunque aún no se había demostrado, en la época de Fernando de Magallanes ya se considera que la Tierra es esférica. Este conocimiento se remonta a la Antigüedad, cuando los geógrafos griegos y latinos realizan los primeros cálculos de la circunferencia terrestre. Sin embargo, durante la Edad Media, estas teorías caen parcialmente en el olvido. La geografía se estanca o incluso retrocede debido a las creencias cristianas y a los mitos, que se entremezclan con los débiles conocimientos existentes del mundo. Sin embargo, dejando a un lado a algunos partidarios de una Tierra plana, nadie duda de la esfericidad de esta.

El explorador también se alimenta de descubrimientos recientes, como el del istmo de Panamá, al que llega Cristóbal Colón en su cuarto viaje. Tras este hallazgo, muchos navegantes y geógrafos están convencidos de que, más al sur, existe un pasaje que une el Atlántico con Oriente. Como Bartolomé Díaz con África, Fernando de Magallanes está convencido de poder bordear América por el sur. La cuestión es saber hasta qué punto hay que descender. Una vez más, el explorador saca conclusiones de viajes recientes, como el de

Américo Vespucio (1454-1512), que, al llegar al río de la Plata, piensa que se trata de un pasaje de un océano al otro. Pero esta idea heredada no llevará a ninguna parte.

En cualquier caso, Fernando de Magallanes ya cuenta con su proyecto. Rechazado por el rey de Portugal, se beneficia por el contrario de toda la atención de España, cuya zona de influencia se encuentra al oeste. El éxito de su empresa aumentaría innegablemente la riqueza del imperio, por lo que Carlos I le da luz verde.

LA EXPEDICIÓN

LOS PREPARATIVOS

Carlos I acepta el proyecto de Fernando de Magallanes el 22 de marzo de 1518 y pone a su disposición todos los medios necesarios para lograr el objetivo de su expedición. Se conceden nueve millones de maravedíes para financiar el proyecto. Sin embargo, durante los preparativos, que duran casi un año y medio, aparecen muchos obstáculos. Los prejuicios antiportugueses, la lentitud administrativa e incluso los complots de la corona de Portugal con el fin de impedir la expedición retrasan la salida en varias ocasiones.

Los medios técnicos de los que dispone el navegante también son escasos. Fernando de Magallanes hereda cinco carracas españolas compradas a buen precio por el rey y que ya han vivido mucho: el Trinidad, el San Antonio, el Concepción, el Victoria y el Santiago. Durante largos meses, la principal ocupación del explorador se concentra en la reparación y el armamento de los navíos. La tarea se vuelve más ardua debido al modelo de barco elegido: aunque es ideal para transportar mercancías, resulta ser poco práctico para expediciones largas. De hecho, su gran tonelaje hace que sea menos manejable y más lento que las carabelas, que llevaron al éxito a numerosos exploradores.

Además de los navíos, Fernando de Magallanes también necesita una tripulación, algo que le resulta difícil encontrar. El viaje es efectivamente peligroso, y son pocos los marineros que quieren participar en una aventura que podría no tener retorno. Sin embargo, se logra reclutar a 265 hombres. Como no se ha podido reunir a un número suficiente de españoles, a bordo se encuentran marineros de todas las nacionalidades: portugueses, franceses, italianos, flamencos, ingleses, prisioneros e incluso el esclavo de Magallanes, Enrique. Con todo, los españoles son los más numerosos. De hecho, Carlos I se preocupa por controlar a Magallanes rodeándolo de capitales españoles, como Juan de Cartagena, Gaspar de

Quesada o Luis de Mendoza. Los tres fallecen durante la expedición en 1520.

El 10 de agosto de 1519, Fernando de Magallanes, ascendido al rango de almirante, capitanea el Trinidad. La flota zarpa hacia Sanlúcar llena de los víveres necesarios para varios meses de navegación, pero también de bienes como espejos, pañuelos o rollos de seda, destinados a ser intercambiados.

EN BUSCA DE UN PASAJE

Una vez finalizadas las últimas inspecciones, la expedición parte al fin el 20 de septiembre de 1519. Como hicieron sus predecesores al abandonar Europa en dirección a América, Fernando de Magallanes va primero a las Canarias y después a Cabo Verde. A continuación se dirige a alta mar para llegar hasta Brasil. Sin embargo, el Atlántico le tiene reservadas las primeras dificultades al navegante. Aunque las travesías a lo largo del mismo se multiplican, este océano sigue inspirando los mayores temores a los marineros. Mientras que, en un primer tiempo, los navíos de Magallanes se ven atrapados en un mar en calma que les retrasa varios días, la flota pronto sufrirá tempestades de una violencia poco común, hasta el punto de provocar fuegos de San Telmo en lo alto de los mástiles.

EL FUEGO DE SAN TELMO

El fuego de San Telmo es un fenómeno meteorológico que se manifiesta a través de resplandores en los mástiles de los navíos. En realidad, se trata de una sobrecarga

Estos primeros contratiempos generan la primera rebelión del viaje. Después de haber dudado de las capacidades de Fernando de Magallanes, Juan de Cartagena es detenido y destituido de su puesto como capitán del San Antonio.

Esta agitada travesía finaliza el 13 de diciembre, cuando la flota entra en la magnífica bahía de Río de Janeiro, en la que puede aprovisionarse de alimentos. Pero la parada es de corta duración y la expedición hacia el sur debe continuar. El 11 de enero de 1520, los navíos llegan por fin a la ancha desembocadura del río de la Plata. Para Fernando de Magallanes, se trata del deseado pasaje que le llevará a las Indias. Sin embargo, tras casi un mes de exploración, resulta no serlo. Los cálculos del explorador son erróneos, por lo que el pasaje debe encontrarse más al sur.

Fernando de Magallanes continúa con su viaje y descubre nuevas tierras jamás exploradas. Bordea lo que llama la Patagonia en condiciones climáticas cada vez más penosas. El 31 de marzo, la flota descubre la bahía de San Julián (Argentina). Pero en el hemisferio sur comienza el invierno. Por ello, Magallanes se ve obligado a echar el ancla en la bahía para pasar el invierno, lo que reduce en gran medida sus reservas de alimentos, pues la pesca y la caza no son siempre fructíferas.

La moral de los marineros está por los suelos. Las tensiones son tan grandes que tres navíos y sus capitanes se amotinan contra el explorador. Solo desean una cosa: volver a España. La reacción es rápida y brutal. Fernando de Magallanes envía primero a un pequeño grupo de hombres al Victoria para reprimir la revuelta. Estos apuñalan y después descuartizan al capitán Luis de Mendoza, y se vuelven a apropiar del navío. Ahora le toca rebelarse al San Antonio, que había sido tomado por Juan de Cartagena, y finalmente al Concepción de Gaspar de Quesada. Para dar ejemplo, Fernando de Magallanes decapita a este último y decide abandonar en tierra a Juan de Cartagena.

Cuando llega el mes de julio, la aventura puede proseguir. Magallanes envía al Santiago para realizar labores de reconocimiento por el sur. Pero este último naufraga al chocar contra unas rocas a 150 kilómetros del punto de partida. La flota ya solo cuenta con cuatro navíos. Sin embargo, el explorador no se desanima y, a finales de agosto, zarpan los navíos restantes.

EL ESTRECHO DE MAGALLANES Y EL INTER-
MINABLE PACÍFICO

La flota prosigue su expedición en dirección al sur. Se explora cada bahía y cada cala. Finalmente, el 21 de octubre de 1520, la flota dobla un cabo que Magallanes llamará más adelante cabo Vírgenes. En el paralelo 52.°, este da paso a un ancho estrecho. El San Antonio y el Concepción son enviados para realizar tareas de reconocimiento en este hostil entorno. Ambos navíos descubren enseguida que se trata claramente del deseado pasaje, puesto que el agua es salada y no dulce como en la desembocadura de un río. Toman el camino de vuelta, deseosos de avisar al resto de la flota, pero se ven atrapados en una tempestad durante cinco días. Esto inquieta a Fernando de Magallanes. Cuando los dos navíos vuelven por fin a aparecer, lanzan una salva de cañones: efectivamente, han encontrado el pasaje que hoy en día conocemos como el estrecho de Magallanes.

La exploración y la travesía a lo largo del estrecho no están exentas de peligro. Rodeados por montañas nevadas, glaciares, una tierra estéril y vientos a menudo violentos, los marineros sufren debido a este duro clima. Está a punto de estallar un nuevo motín. El capitán del San Antonio aprovecha un momento en el que la flota está alejada para separarse de la misma y decide volver a España. Cuando los demás navíos se dan cuenta, ya es demasiado tarde. Es un duro golpe para Fernando de Magallanes. De hecho, el San Antonio contaba con la mayor parte de los víveres. Con todo, los tres navíos restantes se adentran en el estrecho, que resulta ser un inmenso laberinto lleno de tramos sin salida. Hay que avanzar con mucha prudencia. Los navíos son precedidos por barcas desde las que los marineros sondean el fondo rocoso. La flota no llegará al final de los 550 kilómetros del estrecho hasta pasados 37 días, el 28 de noviembre de 1520.

Un inmenso océano se abre ante Fernando de Magallanes, que pone rumbo al noroeste. Al observar sus aguas en calma, opuestas a las del Atlántico, el navegador decide llamarlo océano Pacífico. Aún ignora que se enfrenta a la travesía más espantosa de su vida. Para el navegante, las islas de las especias están a solo tres días de distancia. Sin embargo, sus datos sobre la circunferencia de la Tierra son erróneos. El Pacífico es mucho más grande de lo previsto: es un inmenso desierto oceánico sin fin en el que no es posible realizar ninguna escala.

Como podemos imaginar, los víveres comienzan a escasear. El cronista del viaje, Antonio Pigafetta (1480-1534), cuenta la angustia de la tripulación: «Comíamos galleta: ni galleta ya, sino su polvo, con los gusanos a puñados [...] Y bebíamos agua amarillenta, putrefacta ya, [...] completando nuestra alimentación los cellos de cuero de buey, [situados] en la cofa del palo mayor [...] Las ratas se vendían a medio ducado la pieza [...]» (Pigafetta 2016, 25). Y lo que es peor: los marineros enferman uno tras otro. El escorbuto hace que se les hinchen las encías y les descarna los dientes. Decenas de hombres fallecen en el Pacífico. La travesía es interminable, pero el 6 de marzo de 1521 avistan por fin un archipiélago. Son la isla de Guam y las futuras islas Marianas. Diez días más tarde, el 16 de marzo, la flota llega a Filipinas.

FILIPINAS: LA TRAGEDIA DE MAGALLANES

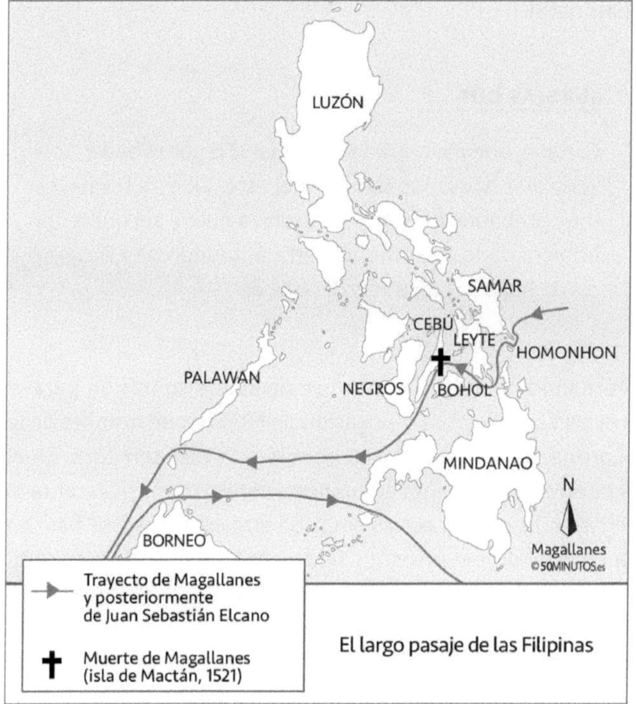

Cuando llega a Filipinas, Fernando de Magallanes está convencido de que ha salvado a su tripulación. Las Molucas están a solo unos días de navegación hacia el sur. Además, se encuentran en un lugar paradisíaco. La flota puede por fin proveerse de pescado, carne de ave, fruta y de una novedad, el coco. Parece que el agua putrefacta y las ratas forman parte del pasado. Los indígenas que pueblan las islas son muy acogedores y el esclavo Enrique comprende su lengua, lo que quiere decir que, sin duda, no están muy lejos de su país natal.

Fernando de Magallanes no se olvida de su misión para el rey de España, y toma posesión de Filipinas en nombre de la Corona. Para consolidar la posición de este territorio en el imperio, el navegante comienza a convertir masivamente al cristianismo a los autóctonos. Se erigen cruces y se bautiza a cientos de personas. El 14 de abril, 500 hombres y 300 mujeres reciben el sacramento del bautismo. Estas conversiones se acompañan de un juramento de lealtad a España. De esta forma, los diferentes señores de las islas juran fidelidad al rey Carlos I, llamado en adelante Carlos V. Una vez finalizado el juramento, se considera que estos pueblos son súbditos de España, por lo que Fernando de Magallanes tiene la tarea de garantizar su estabilidad. Ahora, cualquier rebelión contra un señor converso es una rebelión contra el rey español.

A finales del mes de abril, la flota se encuentra en la isla de Cebú. Su jefe, Calumbu, recibe calurosamente a los españoles, abraza la religión católica y presta juramento. Los festejos duran varios días. Pero un día, Calumbu, impresionado por el armamento de los blancos, a los que cree invencibles, le explica a Magallanes que, en la isla de Mactán, el vasallo Silapulapu se ha rebelado y se niega a someterse. Fernando de Magallanes no puede aceptarlo y envía en primer lugar emisarios para convencerlo, en vano. Para el navegante, esto es una declaración de guerra.

El 27 de abril de 1521 desembarca con una cincuentena de hombres armados en la isla de Mactán. Exhortándolos, llega al primer poblado y lo incendia. Los indígenas, enfurecidos, les responden con una lluvia de flechas envenenadas. Los españoles se ven enseguida abrumados y las municiones de los arcabuces escasean. Además, la artillería de los navíos está demasiado alejada como para que les presten apoyo. Replegados en la playa, los españoles caen en una emboscada. El destino de Fernando de Magallanes se tambalea. Mientras lucha con todas sus fuerzas, es alcanzado por una flecha en la pierna, y luego por otra en el brazo. Finalmente, otra le llega al rostro y hace que caiga al agua, que se tiñe del color de su sangre.

UN REGRESO CAÓTICO

La pérdida del almirante supone un duro golpe para la tripulación, pero los problemas no finalizan ahí. Al darse cuenta de la vulnerabilidad de los españoles, el señor de Cebú decide acabar con los extranjeros. Con el pretexto de celebrar un banquete el 1 de mayo, tiende una emboscada a una veintena de oficiales españoles. Ya en los navíos, la tripulación no puede más que confirmar la traición de los indígenas. Se ordena levar el ancla a toda prisa. João Lopes Carvalho toma entonces las riendas de la expedición. Con solo 108 supervivientes, la flota ya no cuenta con suficientes hombres como para manejar los tres navíos. El más dañado, el Concepción, es abandonado y quemado.

La incompetencia del nuevo comandante es manifiesta: no sabe dónde se encuentran las Molucas. Durante seis meses, los dos navíos que quedan van de isla en isla, hasta que João Lopes Carvalho es destituido y reemplazado por Juan Sebastián Elcano (1476-1526).

El 6 de noviembre de 1521, la expedición llega por fin a las Molucas. La tripulación se abastece de especias y se pregunta qué camino tomar para regresar. El Trinidad, muy dañado, prefiere volver por el Pacífico para evitar a los portugueses. Sin embargo, tras cinco semanas de navegación, el navío se ve obligado a volver a las Molucas, ya que su estado no le permite realizar una travesía de ese calibre. Por el camino, cae en manos de los portugueses y acaba naufragando.

Ya solo queda el Victoria de Juan Sebastián Elcano. El 13 de diciembre de 1521, el capitán decide partir con sus 47 marineros y sus 700 quintales (casi 32 toneladas) de clavo por el oeste, en zona portuguesa. Para evitar a los portugueses, navega más al sur, a través del océano Índico. Por desgracia, el calvario de la tripulación comienza de nuevo: las enfermedades y el hambre reaparecen, y las muertes se acumulan.

Tras haber sorteado varias tempestades, el Victoria supera el cabo de Buena Esperanza el 18 de mayo de 1522. Pero un último obstáculo se cruza en su camino de vuelta el 9 de julio: las islas de Cabo Verde, que pertenecen a los portugueses. Juan Sebastián Elcano debe hacer escala, ya que no tienen más provisiones. Después, zarpa a toda prisa con solo 18 supervivientes.

El 6 de septiembre de 1522, tres años después de su partida, el Victoria llega por fin a Sanlúcar en un estado tan deplorable como el de su tripulación. Han logrado realizar la primera circunnavegación.

REPERCUSIONES DE LA EXPEDICIÓN

¡LA TIERRA ES REDONDA!

Al lograr realizar la primera circunnavegación, Carlos V le atribuye a Juan Sebastián Elcano escudos de armas en los que se distingue un globo terrestre y la cita *Primus circumdedisti me* («Fuiste el primero en circunnavegarme»). En el plano científico, la expedición de Fernando de Magallanes no se debe tomar a la ligera. En efecto, supone la primera prueba experimental de la esfericidad de la Tierra.

Ya en la Antigüedad, son muchos los filósofos y matemáticos, como Eratóstenes (*c.* 284-*c.* 193 a. C.) y Ptolomeo (100-*c.* 170), que señalan que la Tierra es un astro esférico. Con la caída del Imperio romano de Occidente (476), este hecho cae en el olvido hasta la caída de Constantinopla en 1453, cuando los eruditos bizantinos exiliados hacen que Occidente vuelva a descubrir las obras heredadas de la Antigüedad. Durante la Edad Media, siguen siendo numerosos los que se muestran partidarios de una Tierra redonda, pero esta idea también cuenta con detractores. El viaje de Fernando de Magallanes acaba de una vez por todas con el debate.

¿JUEVES O MIÉRCOLES?

Además de la esfericidad de la Tierra, la expedición también demuestra sin querer su rotación. Al llegar a Cabo Verde, Juan Sebastián Elcano realiza un sorprendente descubrimiento. Los portugueses afirman que es jueves, mientras que el capitán está convencido de que es miércoles. De hecho, cada día pasado en el mar ha sido escrupulosamente anotado y varias verificaciones demuestran que no existe ningún error. Pero, entonces, ¿cómo ha podido desaparecer un día?

Nadie logra explicar realmente el fenómeno en 1522. Sin embargo, hoy en día sabemos que la expedición acababa de demostrar que la Tierra gira sobre sí misma. Al navegar siempre hacia el oeste, la flota ha franqueado los diferentes husos horarios. De hecho, debido a la rotación de la Tierra, han transcurrido 24 horas más en su punto de partida sin que nadie se haya percatado. Habrá que esperar algunos años para que Nicolás Copérnico (astrónomo polaco, 1473-1543) demuestre que no es el Sol el que gira alrededor de la Tierra, sino que ocurre lo contrario. Por tanto, la rotación del planeta es la que explica los días y las noches.

UN GIGANTESCO PLANETA

Finalmente, la expedición de Fernando de Magallanes pone en tela de juicio todos los cálculos sobre la circunferencia terrestre. Hasta entonces, se da por sentado que América estaba a solo algunos días de navegación de Asia. Sin embargo, la terrible experiencia de Magallanes en el Pacífico demuestra que esta distancia era bastante más grande de lo previsto. Mientras que muchos calculan que la circunferencia de la Tierra es de 30 000 kilómetros, lo cierto es que es de 40 000 kilómetros.

EL IMPERIO DONDE NUNCA SE PONE EL SOL

Además de las consecuencias científicas, la expedición de Fernando de Magallanes también tiene repercusiones económicas y políticas. Aunque solo haya regresado del viaje un navío cargado de especias, los beneficios son reales, aunque más bien pobres en comparación con el número de hombres asesinados y la pérdida de cuatro navíos. Con todo, la competición económica entre España y Portugal reaparece en el mercado de las especias, y las Molucas se convierten en objeto de deseo.

Aunque el Tratado de Tordesillas de 1494 acordaba dividir el Atlántico entre España y Portugal, nadie sabía exactamente dónde surgiría la línea divisoria en el Lejano Oriente. Carlos V, consciente de que las islas exploradas por Magallanes y sus hombres se encontraban en su esfera de influencia, envía nuevas expediciones por el oeste con el fin de colonizar el territorio. Se topa entonces con las reivindicaciones de los portugueses, que creen que también están en su derecho de colonizar. Esta rivalidad desemboca en un conflicto diplomático y armado que dura varios años y que culmina con el Tratado de Zaragoza en 1529. Redactado bajo los auspicios del papa Clemente VII (1478-1534), este tratado establece una línea divisoria a 297,5 leguas al este de las Molucas en favor de Portugal. A modo de compensación, Carlos V recibe la suma de 350 000 ducados, que le permiten dirigir sus guerras en Europa contra Francia. Además, Filipinas siguen siendo españolas debido a que fueron descubiertas por Fernando de Magallanes.

Con la apertura del eje comercial Manila-Acapulco en 1565, España dispone no solo del oro procedente del Nuevo Mundo, sino también de las especias de Oriente. Por el momento, en 1522, gracias al viaje de Fernando de Magallanes y a los descubrimientos de Cristóbal Colón y de sus sucesores, en el inmenso imperio de Carlos V ya no se pone el sol.

EN RESUMEN

- Fernando de Magallanes nace hacia 1480 en el norte de Portugal. Se alista muy pronto en la marina y participa en la conquista portuguesa de la ruta de las especias. Conocedor de la riqueza de especias de las islas Molucas, formula la idea de llegar a estas por el oeste.

- Después de la negativa del rey de Portugal, Manuel I, Fernando de Magallanes acude a España a la corte de Carlos I. Este acepta el proyecto del navegante en 1518.

- Tras un año y medio de preparativos, la expedición abandona Sanlúcar el 20 de septiembre de 1519 con cinco navíos: el Trinidad, el San Antonio, el Concepción, el Victoria y el Santiago. Antes de atravesar el Atlántico, la flota pasar por las Canarias y por Cabo Verde.

- La travesía a lo largo del océano resulta ser difícil. Un mar en calma seguido de violentas tempestades retrasan en varios días la expedición. Además, se levanta la primera revuelta. El 13 de diciembre, la flota llega a la bahía de Río de Janeiro.

- El 11 de enero de 1520, los navíos llegan a la desembocadura del río de la Plata, donde Magallanes piensa encontrar el pasaje que atraviesa América. Pero este no es el caso. Continúa hacia el sur, y se ve obligado a detener la flota en la bahía de San Julián para pasar el invierno. Se reprime violentamente una segunda revuelta.

- En julio, el Santiago parte para realizar tareas de exploración, pero naufraga. El resto de la flota zarpa de nuevo a finales de agosto. El 21 de octubre de 1520, descubre el estrecho de Magallanes, que da acceso a un nuevo océano: el océano Pacífico. Con todo, el San Antonio abandona a la flota y regresa a España.

- Para los marineros, la travesía por el Pacífico es interminable. El hambre y las enfermedades matan a varias decenas de ellos. Tras tres meses de viaje, la expedición llega a las Marianas el 6 de marzo y diez días más tarde alcanza Filipinas.

- Fernando de Magallanes se ve envuelto en las luchas

indígenas locales. Deseando someter a un señor indígena rebelde, inicia un ataque en la isla de Mactán, pero los españoles fracasan. El 27 de abril de 1521, el navegante muere en combate. El Concepción naufraga por falta de marineros.

- La expedición continúa, ahora sin Fernando de Magallanes. Acaba llegando a las Molucas el 6 de noviembre de 1521. Cargados de especias, los dos navíos restantes deciden separarse. El Trinidad, muy dañado, cae en manos de los portugueses, que lo hacen naufragar.
- El Victoria elige volver por el oeste, por la zona portuguesa. Después de una difícil travesía, el navío supera el cabo de Buena Esperanza el 18 de mayo de 1522. Con solo 18 supervivientes, el Victoria llega a España el 6 de septiembre de 1522 tras casi tres años de viaje. Se ha realizado la primera circunnavegación.

¡Tu opinión nos interesa!
¡Deja un comentario en la página web de tu librería en línea,
y comparte tus favoritos en las redes sociales!

PARA IR MÁS ALLÁ

FUENTES BIBLIOGRÁFICAS

- Chaunu, Pierre. 1969. *Conquête et exploitation des nouveaux mondes*. París: PUF.
- Hachette. 2006. "Christophe Colomb. Magellan et le tour du monde". *Histoire universelle: L'ère des découvertes européennes*, tomo 13. París: Hachette.
- Favier, Jean. 1991. *Les grandes découvertes d'Alexandre à Magellan*. París: Fayard.
- Griaule, Marcel. 1948. *Les grands explorateurs*. París: PUF.
- Hachette 2006. "Les découvertes géographiques des Portugais aux XVe et XVIe siècles". *Histoire universelle: L'ère des découvertes européennes*, tomo 13. París: Hachette.
- "Magellan ou l'exploit sans égal (1517-1522)" en Parias, Louis-Henri. 1957. *Histoire universelle des explorations*, tomo 2. París: Nouvelle librairie de France.
- Pigafetta, Antonio. 2007. *Le voyage de Magellan. La relation d'Antonio Pigafetta et autre témoignages*. París: Chandeigne.
- Pigafetta, Antonio. 2016. *Primer viaje alrededor del mundo*, 25. Barcelona: Red Ediciones.
- Zweig, Stefan. 1938. *Magellan*. París: Grasset.

FUENTES COMPLEMENTARIAS

- Bernand, Carmen y Serge Gruzinski. 1991. *Histoire du Nouveau Monde. De la découverte à la conquête*. París: Fayard.

- Bales, Mitzi y Daniel Mideot. 1983. *Sur le chemin de l'aventure. Les explorateurs célèbres*. Glarus: Éditions Christophe Colomb.
- Denucé, Jan. 1908-1911. *Magellan. La question des Moluques et la première circumnavigation*. Bruselas: Hayez.
- "Magellan, Ferdinand" en Howgego, Raymond John. 2003. *Encyclopedia of exploration to 1800*. Sidney: Hordern House.

FUENTES ICONOGRÁFICAS

- Retrato de Magallanes por Charles Legrand, *c.* 1841. © National Library of Portugal.
- Retrato de Cristóbal Colón por Antoine Maurin, *c.* 1835. La imagen reproducida está libre de derechos.
- Retrato de Vasco de Gama por Antoine Maurin, *c.* 1835. La imagen reproducida está libre de derechos.

LITERATURA

- Girard, Patrick. 2012. *Fernand de Magellan. L'inventeur du monde*.

DOCUMENTAL

- *Voyages of Discovery: Circumnavigation*. Dirigido por Anne Laking. Reino Unido: BBC Four, 2006.

MUSEO

- Museo Nao Victoria, en Punta Arenas, Chile.

¡APRENDER NUNCA ANTES FUE TAN RÁPIDO!

www.en50minutos.es

www.en50Minutos.es

ISBN ebook: 9782806277770

ISBN papel: 9782806281470

Depósito legal: D/2016/12603/203

Libro realizado por Primento, el socio digital de los editores